KOMMUNIKATION IM UNTERNEHMEN

Tipps für effizientes Kommunizieren mit Kollegen, Vorgesetzten und Mitarbeitern

Verfasst von Virginie de Lutis

Übersetzt von Mareike Lobeck

Für die Arbeitswelt 50MINUTEN.de

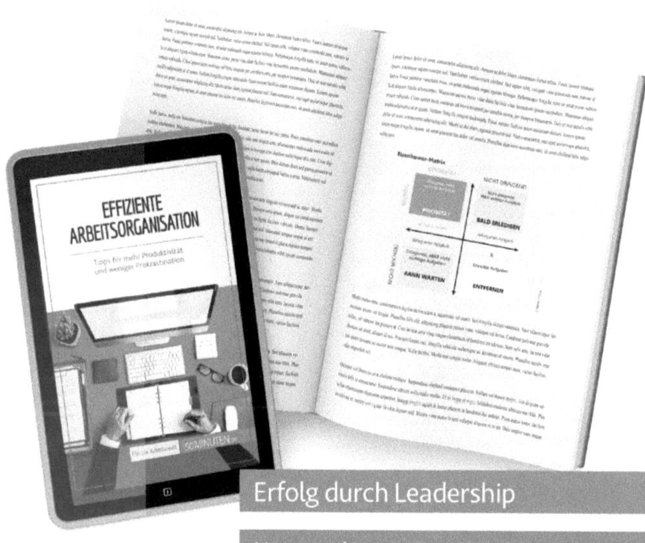

50MINUTEN.de

NEUER SCHWUNG
FÜR IHRE KARRIERE

Erfolg durch Leadership

Konstruktives Feedback

Die Macht der Körpersprache

Zielführendes Projektmanagement

www.50Minuten.de

KOMMUNIKATION IM UNTERNEHMEN

- **Ziel:** eine angemessene und klare Kommunikation innerhalb des Unternehmens
- **Anwendung:** Eine gut funktionierende Kommunikation im Unternehmen motiviert die Mitarbeiter und steigert ihre Leistung, hilft bei der Konfliktlösung und ermöglicht harmonische Geschäftsbeziehungen.
- **Arbeitskontext:** Geschäftsbeziehungen, Geschäftskommunikation, Personalwesen
- **FAQ:**
  - <u>Worauf sollte ich achten, wenn ich mit meinen Kollegen kommuniziere?</u>
  - <u>Welche Kommunikationsarten gibt es im Arbeitskontext?</u>
  - <u>Wie kommuniziere ich am besten mit meinem Vorgesetzten?</u>
  - <u>Wie gestalte ich effiziente Meetings?</u>
  - <u>Wie vermeide ich Gerüchte und Machtspiele?</u>
  - <u>Wozu dienen Bewertungen und Feedback?</u>
  - <u>Sollte ich als Frau anders kommunizieren?</u>
  - <u>Wie verbessere ich die Kommunikation in meinem Team?</u>

EINLEITUNG

Kommunikation ist für den reibungslosen Betrieb eines Unternehmens essentiell. Allerdings kann sie ebenfalls zu Missverständnissen oder gar Konflikten sowie einer Atmosphäre führen, die sich negativ auf die Mitarbeiter und ihre Leistungsfähigkeit auswirkt. Dies ist häufig der Fall, wenn am Arbeitsplatz Gerüchte in die Welt gesetzt, Dinge impliziert oder auch gar nicht angesprochen werden.

Wie schafft man also eine Umgebung für einen effizienten und erfreulichen Austausch, der die Mitarbeiter motiviert? Während Unternehmen früher auf Kommunikationsmodelle setzten, die die Mitarbeiter mit Informationen überluden, ohne dabei individuelle Persönlichkeiten zu berücksichtigen, entwickeln heute immer mehr Unternehmen Strategien, die eine respektvolle, pragmatische und mitarbeiternahe Kommunikation fördern. Für die Einführung eines solchen Prozesses wird allerdings Zeit benötigt, zudem müssen gewisse Regeln beachtet werden. In den folgenden 50 Minuten werden die verschiedenen Aspekte interner

Unternehmenskommunikation betrachtet, ebenso wie mögliche Hindernisse und Lösungsvorschläge für eine klare, effiziente Kommunikation, die Ihre Geschäftsbeziehungen verbessern wird.

KOMMUNIKATION IM UNTERNEHMEN: DIE GRUNDLAGEN

GRUNDPRINZIPIEN DER KOMMUNIKATION

Bestandteile von Kommunikation

Kommunikation umfasst drei Hauptelemente: Sender, Botschaft und Empfänger. Dieses klassische Schema ermöglicht es, die Hauptmerkmale der Wortwechsel zwischen Kollegen, Teams und Vorgesetzten zu analysieren.

Grundpfeiler der Kommunikation

Der **Sender** kreiert bewusst oder unbewusst eine Botschaft:	Die **Botschaft** kann je nach Kontext verschiedene Formen annehmen, darunter:	Der **Empfänger** nimmt die Botschaft an. Er kann unterschiedlich reagieren:
• indem er sich direkt an seinen Gesprächspartner wendet • indem er Botschaften mittels seiner Gefühle, Körperhaltung etc. transportiert	• rein verbale Botschaften • verbale Botschaften, die von einer nonverbalen Botschaft begleitet werden. Es kann zwischen den beiden ein Widerspruch bestehen. • einer nonverbalen Botschaft, das heißt einer bewussten oder unbewussten Haltung, die ohne einen Laut kommuniziert (auch Stille ist ein Kommunikationselement)	• er berücksichtigt die empfangene Information • er reagiert auf das Gesagte • er ignoriert die Botschaft oder nimmt sie unabsichtlich nicht wahr

Auch wenn die Liste der Beispiele in dieser Tabelle nicht vollständig ist, zeigt sie dennoch schon verschiedene Situationen und Verhaltensweisen. Damit Ihre Botschaft aufgenommen und verstanden wird, reicht jedoch sprechen allein nicht aus: Vielmehr müssen Sie kommunizieren, sprich eine Verbindung mit Ihrem Gesprächspartner herstellen. Bei diesem zwischenmenschlichen Austausch, den der kanadisch-amerikanische Psychiater Eric Berne (Begründer der Transaktionsanalyse, 1910-1970) Transaktionen nennt, nehmen wir wechselnde Rollen ein. Berne zufolge können wir verschiedene Ich-Zustände aktivieren (Erwachsenen-Ich, Kindheits-Ich und Eltern-Ich) und wechseln zwischen ihnen, je nach Situation und der Position, die unser Gesprächspartner einnimmt. Abhängig von ihren Gefühlen und dem Thema können die Kommunikationspartner aber auch während des Gesprächs ihre Rollen ändern.

Nonverbale Kommunikation

Wie erfolgreich unser Kommunizieren ist hängt nicht nur von den (geschriebenen oder gesprochenen) Worten ab, vielmehr spielt auch unsere nonverbale Kommunikation eine wichtige Rolle. Dem iranisch-amerikanischen Psychologen Albert Mehrabian (geboren 1939) zufolge scheint letztere sogar am meisten zu übermitteln.

Kommunikationsarten

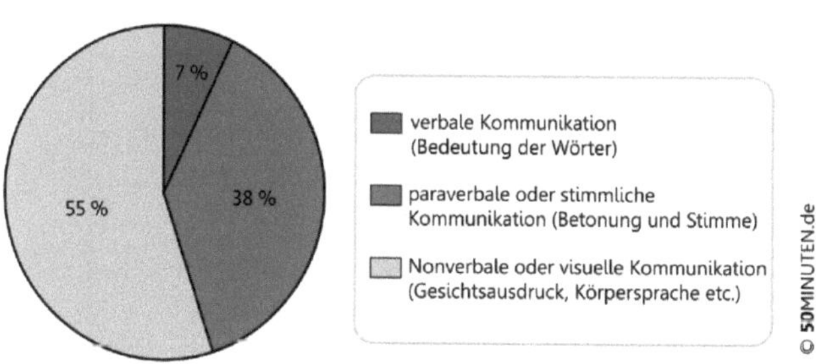

Werden Sie sich der Elemente Ihrer nonverbalen Kommunikation bewusst, um zu kontrollieren, welche Informationen Sie übermitteln.

Nonverbale Kommunikation

Gesten und Haltung	Stimme	Gerüche
Ihr Gang, Ihre Körperhaltung und Ihr Gesichtsausdruck geben Aufschluss darüber, wer Sie sind und was Sie empfinden. Genauso kommunizieren auch fehlende Gesten und Haltungen. Eine verbreitete Technik des neurolinguistischen Programmierens besteht darin, subtil die Haltung des Gesprächspartners zu übernehmen, um ein sofortiges Gefühl von Nähe herzustellen.	Der Ton Ihrer Stimme und der Redefluss stellen einen wichtigen Teil der nonverbalen Kommunikation dar. Die Übereinstimmung dieser Faktoren mit Ihrer Haltung und der ausgesprochenen Botschaft ist für Ihren Gesprächspartner äußerst wichtig. Filmen Sie sich bei einem Gespräch mit einem Freund. Das wird Ihnen einen ersten Eindruck davon geben, was Sie beim Sprechen neben dem Gesagten noch transportieren.	Die amerikanische Psychologin Martha McClintock (geboren 1947) erklärt, dass wir entsprechend unserer Gefühle (Stress, Traurigkeit, Wut etc.) bestimmte Gerüche absondern. Zudem werden wir von Menschen mit einem ähnlichen Geruchsprofil angezogen. Der Ausdruck jemanden nicht riechen zu können, kann also ganz wörtlich genommen werden, da die Geruchssignale, die unser Körper aussendet, mit unseren Gefühlen übereinstimmen.

Empfohlene Haltung	Zu vermeidende Haltung
• Sehen Sie Ihrem Gesprächspartner in die Augen, um einen visuellen Kontakt herzustellen. • Achten Sie auf einen festen Händedruck. • Entspannen Sie Ihr Gesicht und lächeln Sie. • Respektieren Sie den Raum Ihres Gesprächspartners und kommen Sie ihm nicht zu nahe. • Pflegen Sie Ihr äußeres Erscheinungsbild (Kleidung, Geruch etc.)	• Die Hände oder den Nacken zu reiben deutet auf Zweifel oder Unsicherheit hin. • Ja zu sagen und gleichzeitig den Kopf zu schütteln vermittelt einen Widerspruch in Ihrer Aussage. • Sich auf dem Stuhl zurückzulehnen zeigt einen Rückzug aus der Unterhaltung. • Verschränkte Arme schließen ein Gespräch aus. • Ein runder Rücken deutet auf mangelndes Selbstbewusstsein hin. • wild gestikulieren und mit den Haaren spielen

Verbale Kommunikation

Verbale Kommunikation macht zwar nur 7 % der Kommunikation aus, sie stellt jedoch die Basis der Informationsübermittlung des Erwachsenen-Ichs aus Bernes Modell dar. Mit objektiven Informationen gewinnt die Kommunikation an Deutlichkeit. Um erfolgreiche Gespräche zu führen, sollten Sie die folgenden Tipps beachten:

- Kommunizieren bedeutet sich einzubringen. Beginnen Sie Ihre Sätze daher mit „ich": „Ich denke", „Ich schlage vor", „Ich finde" etc. So drücken Sie aus, was Sie empfinden, ohne Ihrem Gegenüber Vorwürfe zu machen, die auf Ihren Vermutungen basieren. Sagen Sie beispielsweise lieber „Ich bin überlastet" als „Sie berücksichtigen meine Arbeitsbelastung nicht".
- Fragen Sie sofort nach, wenn Sie etwas nicht verstehen, um Zweifeln oder Missverständnissen vorzubeugen.
- Moderne Technologie verbessert nicht unbedingt die Kommunikation. Geben Sie sich bei Ihren E-Mails und beruflichen Schreiben Mühe. Verwenden Sie also Höflichkeitsfloskeln, drücken Sie sich kurz und präzise aus etc.
- Setzen Sie sich wenn nötig durch. Wenn Sie unterbrochen werden, fragen Sie die jeweilige Person, warum sie Sie unterbrochen hat, und geben Sie ihr zu verstehen, dass Sie gerade gesprochen haben.
- Genauso sollten Sie einer Person, die Sie anspricht, aufmerksam und konzentriert zuhören, ohne sie zu unterbrechen.
- Passen Sie Ihre Wortwahl an Ihren Gesprächspartner an, damit er Sie versteht.

Warum ist sie so wichtig?

Gute interne Kommunikation legt die Basis für den Unternehmenserfolg. Sie dient unter anderem dazu

- sich zu versichern, dass die Ziele und Anweisungen verstanden wurden
- die Mitarbeiter für ein Projekt zu gewinnen
- die Mitarbeiter in die Unternehmenskultur miteinzubinden und sie aktiv mitgestalten zu lassen
- die Mitarbeiter zu motivieren
- Konflikte zu lösen
- ein ausgeglichenes und angenehmes Miteinander sicherzustellen
- eine angenehme Atmosphäre zu schaffen

Formelle Kommunikation

Formelle Kommunikation bezeichnet alle offiziellen Wortwechsel zwischen den einzelnen Mitarbeitern des Unternehmens. Es kann sich dabei um Folgendes handeln:

- Schreiben wie E-Mails, Hausmitteilungen, Gesprächsberichte. Diese können mit der Entwicklung neuer Technologien neue Formen annehmen. So achten viele Unternehmen heute auf ihren ökologischen Fußabdruck, indem sie den traditionellen papiergebundenen Dokumenten papierlose Kommunikation vorziehen. Allerdings gibt es andere Unternehmen, die noch nicht in entsprechende Informationssysteme investiert haben und Ausdrucke bevorzugen.
- Mündlicher Austausch, wie Meetings, Feedback-Gespräche und Vorstellungsgespräche.

Formelle Kommunikation kann verschiedene Formen annehmen:

Formelle Kommunikation

Art der formellen Kommunikation		Informationsfluss
abwärts oder hierarchisch	V ⟶ M	vom Vorgesetzten zu den Mitarbeitern
aufwärts	M ⟶ V	von den Mitarbeitern zum Vorgesetzten
horizontal	M_1 ⟷ M_2	Austausch zwischen zwei Mitarbeitern derselben Hierarchiestufe oder in nicht-hierarchischen Unternehmensstrukturen

ZUSATZINFORMATION: DER MANAGER ALS DIRIGENT

Der Führungsstil des Management by Walking Around (deutsch: Führung durch Herumgehen) erfreut sich seit einigen Jahren immer größerer Beliebtheit. Anstatt den Fokus auf Berichte und Meetings zu legen, nehmen sich die Manager dabei die Zeit, mit ihren Teammitgliedern einzeln zu sprechen und sich über ihren Arbeitsalltag zu informieren. Dank dieser Nähe können sie leichter überprüfen, ob sich das Team an die Anweisungen hält und die getroffenen Entscheidungen verstanden hat. Außerdem können die Manager sicherstellen, dass die internen Kommunikationsmittel funktionieren, und gegebenenfalls Verbesserungsmöglichkeiten erkennen, sowie die Meinung der Mitarbeiter erfassen und das Team motivieren und loben. Durch den direkten Kontakt und das Zuhören stärkt der Manager so auch indirekt die Wirksamkeit der formellen Kommunikation.

Das Medium und der Zweck des Wortwechsels werden von dem Sender der Botschaft abhängig von den oben genannten Punkten bestimmt. Ein viel beschäftigter Unternehmensleiter wird vermutlich hauptsächlich per E-Mail über die Manager kommunizieren, damit diese die Anweisungen weiterleiten, kann sich aber auch direkt an die Mitarbeiter wenden, um den Kontakt mit ihnen zu bewahren. Die Art und Weise, wie die Information übermittelt wird, hängt auch hier von der jeweiligen Arbeitsphilosophie und der Unternehmenskultur ab.

Informelle Kommunikation

Informelle Kommunikation entspricht den inoffiziellen Wortwechseln am Arbeitsplatz, bei denen es nicht zwangsläufig um ein arbeitsrelevantes Thema geht. Es kann sich dabei um Gespräche an der Kaffeemaschine, auf dem Flur, während der Mittags- oder Zigarettenpause etc. handeln. Nicht jede Unternehmensführung begrüßt diese Art der Kommunikation, da sie spontan ist, keinen bestimmten Regeln folgt und meist ungeprüfte Information (Gerüchte, Klatsch etc.) verbreitet, was zu Konflikten und Unzufriedenheit führen kann. Wie die formelle Kommunikation kann sie von verschiedenen Medien Gebrauch machen und schriftlich (E-Mails, Klebezettel etc.) oder mündlich sein. Informelle Kommunikation bietet die folgenden Vorteile:

- Sie vermittelt einen gewissen Status und kommt dem Bedürfnis nach Anerkennung und Gruppenzugehörigkeit nach.
- Sie fördert das Teilen von sozialen und kulturellen Werten innerhalb einer Gemeinschaft.
- Sie fördert die Zusammenarbeit, indem sie Kontakte zwischen den Mitarbeitern schafft.

Hierbei bestehen keine Regeln oder besondere Vorgehensweisen. Um gesunde, produktive Geschäftsbeziehungen aufzubauen und zu pflegen, sollten Sie dennoch auf gute Umgangsformen achten.

VERHALTENSANPASSUNG

Unabhängig von der Kommunikationsart ist das angenommene Verhalten ausschlaggebend für den Verlauf des Gesprächs. Wie bereits erwähnt, bestehen Eric Berne zufolge drei Ich-Zustände, die bestimmten Verhaltensweisen entsprechen:

- Das **Eltern-Ich (El)** nimmt eine Elternrolle ein, indem es gleichzeitig autoritär und wohlwollend ist.
- Das **Erwachsenen-Ich (Er)** beschäftigt sich mit dem Tatsachenaspekt der Dinge, logischen, rationellen Informationen und dem Hier und Jetzt.
- Das **Kind-Ich (K)** bezieht sich auf das Erlebte und Kindheitserinnerungen.

In der folgenden Tabelle wird die Komplexität der Zustände mithilfe von Beispielen erklärt.

Ich-Zustände

Ich-Zustand	Beschreibung	Beispiel
El bestimmend oder kritisch	• steht für die Regeln • hat eine schützende und lehrende Funktion • neigt dazu, zu werten und zu bestrafen	„Du bist zu spät, das ist inakzeptabel."
El unterstützend oder helfend	• gibt Erlaubnisse und motiviert • ist empathisch und herzlich • tendiert zur Überbehütung	„Du solltest auf dich aufpassen."
Er	• analysiert die Tatsachen • ist objektiv, rational und um Gleichheit bemüht • neigt dazu, Konflikte zu lösen und zu vermeiden	„Wann findet die Besprechung statt?"
K frei oder spontan	• drückt Bedürfnisse und Gefühle spontan aus	„Dein Hemd gefällt mir, so eins möchte ich auch."
K angepasst (rebellisch oder fügsam)	• drückt sich je nach Verhalten des Gegenübers aus	„Das mache ich nicht!" „Das ist nicht meine Schuld."

Damit die Kommunikation im Unternehmen konstruktiv und angemessen ist, sollten sich die Transaktionen (bzw. Wortwechsel) zwangsläufig ergänzen (komplementär sein), sprich eine Kombination aus zwei Erwachsenen-Ichs oder aus Eltern-Ich und Kind-Ich sein.

El-Er-K

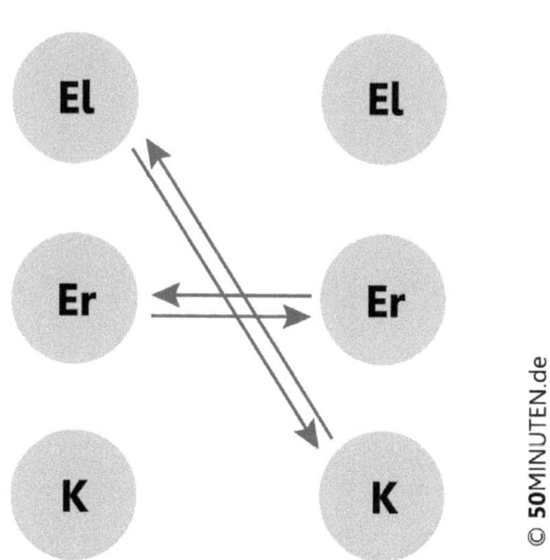

Achtung! Wenn sich Ihre Transaktionen überkreuzen, kann dies zu Konflikten führen.

> **Beispiel**
> „Wann kommt er an?" (Erwachsenen-Ich)
> „Das solltest du wissen!" (Eltern-Ich)

Bei dieser Art der Transaktion besteht kein Gleichgewicht, da der eine Gesprächspartner wie ein Kind behandelt wird, obwohl er sich als Erwachsener positioniert. Dies ist im folgenden Schema dargestellt:

Nicht-komplementäre Kommunikation

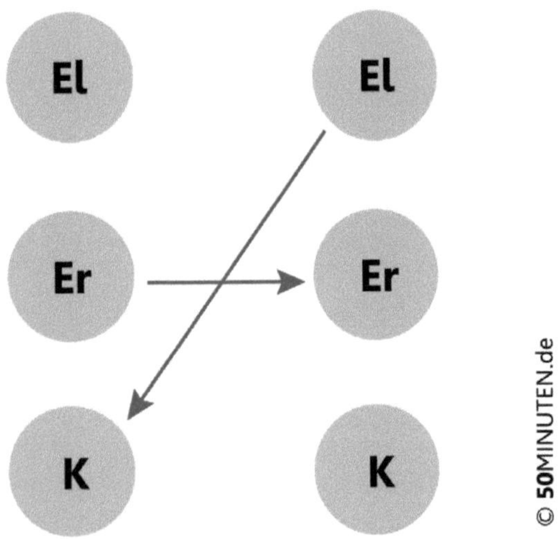

Beispielantwort bei einem Wortwechsel zwischen Erwachsenen

„Er kommt um 10:30 an. Es nervt mich, dass du solche Informationen nicht behältst, weil mir das den Eindruck vermittelt, dass du unsere Besprechung nicht ernst nimmst." (Erwachsenen-Ich)

Achten Sie auf solche Diskrepanzen, da Machtspiele häufig stattfinden, ohne dass sich die Beteiligten dessen wirklich bewusst sind. Dabei wirken sie sich negativ auf die Produktivität des Unternehmens aus und schaffen Missmut innerhalb des Teams. Wenn Sie mit Ihren Kollegen und Vorgesetzten sprechen, geben alle Aspekte Ihrer Kommunikation Auskunft über Ihren Zustand.

Die Transaktionsanalyse bietet einige Lösungsansätze zur Vermeidung von unangenehmen Machtspielen, indem sie Anreize gibt, entsprechend der jeweiligen Situation den angemessenen Ich-Zustand anzunehmen. So werden Sie höchstwahrscheinlich für Spannungen zwischen Ihnen und Ihren Kollegen sorgen, wenn Sie sich jedem gegenüber wie ein „bestimmendes Elternteil" verhalten. Wenn Sie jedoch bei Ihren Angestellten Ergebnisse sehen möchten, sollten Sie darauf achten, sich eher wie ein „Erwachsener" zu verhalten, indem Sie klare Anweisungen geben (wann, wo, wem, etc.). Möchten Sie professionell mit Ihren Mitstreitern umgehen (also als Erwachsener), dann sollten Sie sich entsprechend verhalten. In gewissen informellen Situationen, wo es um Wohlwollen (Eltern) geht, können Sie mehr Empathie zeigen, sich herzlicher ausdrücken und verhalten. Wenn ein Mitarbeiter beispielsweise sehr unmotiviert bei der Arbeit ist, dies aber nicht zugibt, sollten Sie sich auf Ihr Ziel konzentrieren, anstatt sein Abstreiten zu akzeptieren oder ihn zum Reden zu zwingen. Versuchen Sie den Grund für seine mangelnde Motivation herauszufinden, um die Zusammenarbeit zu verbessern. Nehmen Sie dazu den Ich-Zustand an, der Ihnen am angemessensten erscheint. Autoritäres bestimmendes Eltern-Ich? Neutrales, rationales Erwachsenen-Ich? Vielleicht bietet sich auch das unterstützende, wohlmeinende und herzliche Eltern-Ich an.

Beispielsituationen

Situation	gute Reaktion	schlechte Reaktion
„Ich warte seit heute Morgen auf Ihren Bericht. Ist er endlich fertig?" (bestimmendes Eltern-Ich)	„Ich schließe ihn gerade ab." (Erwachsenen-Ich)	„Wenn Sie mich nicht ständig unterbrechen würden, könnte ich ihn auch abschließen." (rebellisches Kind-Ich)
„Ich schaffe es nie, den Bericht rechtzeitig fertigzustellen." (fügsames Kind-Ich)	„Doch natürlich, du bist die größte Stütze in diesem Projekt" (unterstützendes Eltern-Ich)	„Stimmt, das wird recht knapp." (fügsames Kind-Ich)
„Komm, Zeit für eine Kaffeepause." (freies Kind-Ich)	„Super, ich komme mit." (freies Kind-Ich) „Ich kann nicht mitkommen, ich muss noch etwas für die Besprechung morgen fertig machen." (Erwachsenen-Ich)	„Du arbeitest auch nie." (bestimmendes Eltern-Ich)

TOP TIPPS

- **Benutzen Sie das Pronomen „ich" in Ihren Sätzen**: Sie zeigen damit, dass Sie sich in die Unterhaltung einbringen und zu Ihrem Wort stehen. Formulieren Sie Ihre Sätze lieber positiv als negativ. Sagen Sie also eher: „Du denkst doch an unsere Besprechung morgen?", anstatt: „Du hast unsere Besprechung morgen früh doch nicht vergessen?".
- **Achten Sie auf eine aufgeschlossene Körpersprache**, damit sich Ihr Gesprächspartner wohlfühlt. Unterdrücken Sie soweit es geht Ticks, die auf Nervosität, Unbehagen oder Wut hinweisen (nervös gestikulieren, Hände in die Hosentaschen stecken, an den Fingernägeln kauen etc.). Ihr Gesprächspartner kann sich dann auf Ihre Worte konzentrieren und wird nicht von Ihrer Körpersprache abgelenkt.
- **Kontrollieren Sie Ihre Gefühle**: Unabhängig von der Situation (negatives Feedback, ein unangenehmer Kommentar eines Kollegen etc.) sollten Sie nicht aggressiv werden oder

in die Defensive gehen, da dies zu keinem vernünftigen Ergebnis führen wird. Nehmen Sie etwas Abstand, versuchen Sie Ihren Gesprächspartner zu verstehen und erklären Sie ihm, wenn nötig, in aller Ruhe, was Ihnen missfällt, um so die Spannungen abzubauen.

- **Bauen Sie vertrauensvolle Beziehungen mit Ihrem Umfeld auf**: Handeln Sie wohlmeinend, um Ihre Kollegen zu ermutigen, es Ihnen nachzutun. Dazu gehört ebenfalls missbräuchliches, sexistisches, rassistisches oder beleidigendes Verhalten anzuprangern und zu verurteilen. Dies kann in einer Gemeinschaft nicht toleriert werden, da es nicht nur inakzeptabel ist, sondern auch potenziell zur Kündigung oder Burn-out der betroffenen Mitarbeiter führen kann.

- **Passen Sie sich an Ihren Gesprächspartner an**: Achten Sie auf seine verbale Kommunikation und seine Körpersprache. Umarmen Sie ihn (je nach Situation), wenn er ein taktiler Mensch ist; veranschaulichen Sie Ihren Vortrag mit konkreten Beispielen, wenn er ein visueller Zuhörer ist; ziehen Sie mündliche Kommunikation der schriftlichen vor, wenn er ein auditiver Kommunikationstyp ist etc. Passen Sie zudem Ihre Ausdrucksweise daran an, ob Sie mit Ihrem Vorgesetzten oder einem direkten Kollegen sprechen.

- **Organisieren Sie einen internen Tag der offenen Tür**, um den Austausch und die Zusammenarbeit zwischen Abteilungen zu fördern. Zeigen Sie Ihren Kollegen, wie Sie organisiert sind, damit jeder über die Prozesse und Rollen der verschiedenen Abteilungen Bescheid weiß. So werden Missverständnisse und Diskrepanzen erheblich reduziert.
- **Entwickeln Sie ein internes Netz**. Dieses entspricht einer Datenbank, in der Informationen und Kontaktdaten gespeichert werden, die für das gesamte Unternehmen interessant und nützlich sind. Dieses Netz lädt die Mitarbeiter ein, sich punktuell über bestimmte Aspekte auszutauschen (es handelt sich also nicht um allgemeinen Inhalt, den niemand zu Rate zieht). So könnte beispielsweise eine Abteilung ein Logbuch erstellen, in dem es jeden Tag seine Tätigkeiten festhält, was der Abteilung, die das Projekt in der mehr oder weniger nahen Zukunft übernimmt, enorm die Arbeit erleichtern wird. Sie können ebenfalls ein unternehmensinternes soziales Netzwerk gründen. Wie

ein klassisches soziales Netzwerk bietet es den Mitarbeitern die Möglichkeit, sich auszutauschen, Informationen zu übermitteln und schnell untereinander zu kommunizieren. Das stärkt den Zusammenhalt.

- **Legen Sie einen Kommunikationszeitpunkt fest**, um Ihre Gesprächspartner nicht zu stören oder in ihrer Arbeit zu unterbrechen. Organisieren Sie Besprechungen zum Informationsaustausch und Einzelgespräche, wenn Sie mit einer bestimmten Person sprechen wollen. Vergessen Sie nicht, die Person frühzeitig über die Besprechung zu informieren und ihr zu sagen, worum es gehen wird. Wenn es sich lediglich um ein Detail handelt, sollten Sie versuchen, die Person an der Kaffeemaschine oder während der Mittagspause anzusprechen.
- **Entscheiden Sie sich für Gruppenbesprechungen oder Einzelgespräche**, je nachdem welche Art von Information Sie übermitteln wollen. Wenn Sie einen Mitarbeiter auf ein unangemessenes Verhalten hinweisen möchten, ist es beispielsweise unnötig, das gesamte Unternehmen zu involvieren. Nach Gruppenbesprechungen sollten Sie einen

Bericht zur Verfügung stellen, der die getroffenen Entscheidungen enthält, um so alle Interessierten (ob anwesend oder nicht) zu informieren.

- **Richten Sie einen Bereich für den informellen Austausch ein**. Das verbessert sowohl die Geschäftsbeziehungen als auch die Atmosphäre innerhalb Ihres Teams. Auch kurze und informelle Besprechungen können hier abgehalten werden.

ZUSATZINFORMATION: ALTRUISTISCHE BEZIEHUNGEN

Der buddhistische Mönch Matthieu Ricard, der zuvor Molekularbiologe war, sieht Altruismus als maßgeblich für den Erfolg im Unternehmen an. Ihm zufolge ist der Mensch von Natur aus nicht sich selbst, sondern anderen zugewandt. Auch die Statistiken der OECD (Organisation für wirtschaftliche Zusammenarbeit und Entwicklung) zeigen, dass das wichtigste Kriterium für Glück überall weit abgeschlagen die Qualität der Beziehungen zu Mitmenschen ist. Die Forschung hat ergeben, dass Altruismus und angemessene Interaktionen mit den

Kollegen zu guter Kommunikation dazugehören. Ricard zufolge kann Meditation den Zusammenhalt eines Teams stärken, da sie die nachhaltige Zusammenarbeit und Harmonie stärkt und die Entstehung eines angenehmen Arbeitsumfelds unterstützt. Manche Unternehmen richten sogar Entspannungsräume ein und ermuntern ihre Mitarbeiter dazu, dort alleine oder in Gruppen zu meditieren, um so ihre Beziehungen und damit auch ihre Kommunikation untereinander zu verbessern.

FAQ

WORAUF SOLLTE ICH ACHTEN, WENN ICH MIT MEINEN KOLLEGEN KOMMUNIZIERE?

Zahlreiche Aspekte sollten bei der Kommunikation mitberücksichtigt werden: Gesten, Haltung, Erscheinungsbild, Lautstärke, Ausdrucksweise. Mit einem harmonischen Zusammenspiel dieser Aspekte können Sie klare und direkte Botschaften übermitteln. Achten Sie ebenfalls auf Ihren Gesprächspartner, wenn er mit Ihnen spricht, sehen Sie ihm in die Augen und hören Sie ihm zu. Konzentrieren Sie sich auf das, was er sagt, sowie auf seine Körpersprache. Fragen Sie nach, wenn Sie etwas nicht verstanden haben. Falls Sie den Eindruck haben, dass sich hinter einer Aussage gewisse Emotionen verbergen, sollten Sie ihn wohlmeinend darauf ansprechen: Das Ziel dabei ist nicht, sich als Hobbypsychologe aufzuspielen, sondern eine ehrliche und direkte Kommunikation zwischen Kollegen.

WELCHE KOMMUNIKATIONSARTEN GIBT ES IM ARBEITSKONTEXT?

Die Kommunikationsarten und verwendeten Medien hängen von der Größe des Unternehmens, in dem Sie arbeiten, und der Unternehmenskultur ab. In der Regel ist es jedoch nötig, einen Computer bedienen zu können, da zu den häufigsten Kommunikationsmitteln E-Mails, Intranet und Videokonferenzen zählen. Natürlich gibt es auch verbale Kommunikation, auf die in Besprechungen, Feedback-Gesprächen und Vorstellungsgesprächen zurückgegriffen wird, ebenso wie die informellen Wortwechsel an der Kaffeemaschine.

WIE KOMMUNIZIERE ICH AM BESTEN MIT MEINEM VORGESETZTEN?

Je nach Unternehmensphilosophie und der internen Struktur werden Sie vielleicht nie in direkten Kontakt mit der Unternehmensleitung kommen. Ihr Vorgesetzter ist dann ein Manager, der sich selbst nach den Standards der Unternehmenspolitik richtet. Wenn Ihnen die Zusammenarbeit am Herzen liegt, sollten

Sie sich schon im Vorstellungsgespräch über die Arbeitsweisen erkundigen und fragen, wer Ihr Vorgesetzter sein wird, damit die Rollen klar verteilt sind. Lassen Sie bei jedem Austausch Ihren Vorgesetzten über das Kommunikationsmittel und den Ton (zwanglos, distanziert, direkt etc.) entscheiden und passen Sie sich entsprechend an. Siezen Sie vorsichtshalber zu Beginn und behalten Sie eine gewisse professionelle Distanz, zumindest bis Sie sich gegenseitig besser kennen.

WIE GESTALTE ICH EFFIZIENTE MEETINGS?

Sagen Sie kein Meeting zu, solange Sie die Tagesordnung noch nicht kennen. Bitten Sie um zusätzliche Informationen über das Thema und die Gesprächspunkte. So können Sie sich vorbereiten oder gegebenenfalls absagen. Wenn alle Mitarbeiter anwesend sein müssen, Sie im Nachhinein aber wie so oft den Eindruck haben, dass das Meeting Zeitverschwendung war, sollten Sie vorschlagen, dass mit den direkt betroffenen Personen Einzelgespräche geführt werden. So werden die Effizienz und die Motivation jedes Einzelnen gestärkt.

WIE VERMEIDE ICH GERÜCHTE UND MACHTSPIELE?

Gerüchte können ein Zeichen dafür sein, dass etwas im Unternehmen nicht funktioniert. Die interne Kommunikation soll ihnen entgegenwirken, indem der Kontakt zu den Angestellten gepflegt wird und nach den Ursachen von Ängsten, übler Nachrede und Frustration gesucht wird. Um solche Probleme zu beheben, sollten Sie die vier folgenden Punkte in Ihrem Unternehmen analysieren:

- die Qualität der Zusammenarbeit, sprich das Zuhören, Einhalten des vorgegebenen Rahmens, Kommentare und Debatten
- das Engagement, das heißt ein angenehmes Klima, Zusammenhalt innerhalb des Teams, Abbau von Befürchtungen miteinander verglichen zu werden
- die Machtausübung: Ein angemessener Führungsstil des Managers unterdrückt das Team nicht.
- Konfliktlösung: Der Konflikt wird als ein produktiver Moment angesehen, es wird zwischen Person und Thema unterschieden, außerdem werden Lösungsvorschläge gemacht und Kompromisse unterstützt.

In einer feindlichen Umgebung, wo jeder Angst vor Unausgesprochenem hat und Spannungen zwischen verschiedenen Mitarbeitern bestehen, kann keine ehrliche und effiziente Kommunikation stattfinden. In einem Umfeld, in dem diese Risiken jedoch abgebaut werden und wo die Reife des Teams jedem erlaubt, sein Potenzial zu nutzen, kann das Unternehmen auf produktive Solidarität seiner Mitarbeiter bauen, welche sich gegenseitig zu mehr Leistung beflügeln.

WOZU DIENEN BEWERTUNGEN UND FEEDBACK?

Bewertungs- und Feedbackgespräche sind dem Austausch zwischen Vorgesetztem und Mitarbeiter gewidmet. Fragen Sie also ruhig nach den Themen, die dabei angesprochen werden, damit Sie sich vorbereiten können. Bei Bewertungen können Sie Ihre Wünsche, Beobachtungen, Ideen aber auch Schwierigkeiten ansprechen. Wenn Sie zu einem solchen Gespräch eingeladen werden, sollten Sie ein förmliches Dokument mit Ihren Vorschlägen vorbereiten, um sie Ihren Vorgesetzten präsentieren zu können. Bei einem

Feedbackgespräch werden Sie eine Rückmeldung zu Ihrer Leistung und Ihrem Verhalten bekommen. Hören Sie aufmerksam zu, nehmen Sie die Punkte nicht als persönliche Kritik auf, sondern als Möglichkeit, sich zu verbessern.

SOLLTE ICH ALS FRAU ANDERS KOMMUNIZIEREN?

Einige Männer schrecken nicht davor zurück, Frauen schlecht zu behandeln, indem sie an Klischees festhalten (Frauen sind gefühlsduselig, schwächer als Männer, weniger stressresistent etc.) oder unangebrachte Kommentare machen. Um sich als Frau zu behaupten, können Sie beispielsweise die Methoden von Experten anwenden, wie das Power-Posing von Amy Cuddy, das auf der Ebene des Unbewussten agiert. Ziehen Sie sexistische Kommentare ins Lächerliche und wenden Sie sich an den Betriebsrat, wenn keine Maßnahmen ergriffen werden, damit sich ein solches Verhalten nicht wiederholt. Betriebsrat, Gewerkschaften und andere Vertreter können angemessene Maßnahmen vorschlagen, die wieder für ein angenehmes, zivilisiertes Klima in der Unternehmenskommunikation sorgen.

<u>Zusatzinformation: Ihre Körpersprache beeinflusst, wer Sie sind</u>

In einer Rede mit dem Titel „Your Body Language Shapes Who You Are" (mit deutschen Untertiteln unter „Ihre Körpersprache beeinflusst, wer Sie sind") auf einer TED-Konferenz erklärt die amerikanische Psychologin Amy Cuddy, dass die Veränderung der eigenen Haltung nicht nur die Wahrnehmung des Umfelds positiv beeinflusst, sondern vor allem auch die eigene. Cuddy zeigt, dass bei einfachen Versuchen, in denen für zwei Minuten bestimmte Haltungen angenommen werden, diese sich auf den Testosteronspiegel, die Risikotoleranz und den Cortisolspiegel auswirken. Diese hormonellen Veränderungen steuern das Gehirn und lassen uns entweder Macht oder Stress empfinden. Cuddy rät daher, Haltungen einzunehmen, die uns in eine starke Position bringen und unser Selbstbewusstsein stärken: Hände auf den Oberschenkeln, leicht herausgestreckte Brust, gerader Rücken etc. Setzen Sie diese Ratschläge um, so oft Sie können, und nehmen Sie die beschriebenen Haltungen oder die von selbstsicheren Kollegen ein, bis Sie selbstbewusster geworden sind.

WIE VERBESSERE ICH DIE KOMMUNIKATION IN MEINEM TEAM?

Team-Building-Maßnahmen eignen sich hervorragend, um die Kommunikation innerhalb des Unternehmens zu verbessern. Damit sie gelingen, sollten Sie sie um ein Thema herum organisieren, das mit Ihrem Problem zu tun hat (Konfliktlösung, Gruppendynamik, Kommunikation innerhalb des Teams etc.). Stellen Sie einen externen Animateur an, damit alle – auch die Manager – von dem Workshop etwas haben. Wichtig ist dabei, dass die Führungsperson mit gutem Beispiel vorangeht und alle Mitarbeiter an der Maßnahme teilnehmen.

JETZT SIND SIE GEFRAGT!

SELBSTBEWUSSTSEIN STÄRKEN

Stellen Sie sich vor einen Spiegel und achten Sie auf:

- Ihre Kleidung
- die Art und Weise, wie Sie Guten Tag sagen
- den Ton Ihrer Stimme

Denken Sie nun an einen selbstbewussten, entspannten Kollegen bzw. eine Kollegin und überlegen Sie, welche Unterschiede zwischen ihm/ihr und Ihnen bestehen. Entspricht seine/ihre Art zu sprechen seinem/ihren Stil und Persönlichkeit? Ist er/sie sanft, schnell, effizient, verständnisvoll? Entspricht Ihr Ausdruck Ihrem Temperament? Passen Sie entsprechend Ihrer Antworten gegebenenfalls einige Aspekte an.

VERTRAUEN INNERHALB DES TEAMS WIEDERHERSTELLEN

Wenn Sie den Eindruck haben, dass Machtspiele und Unausgesprochenes die Atmosphäre in Ihrem Team belasten und sich negativ auf die Projekte auswirken, sollten Sie sich die Situation genauer ansehen. Stellen Sie sich die folgenden Fragen, um die Konfliktursache zu verstehen. Diese Probleme können Sie dann selbst oder mithilfe eines Coachs bei einer Team-Building-Maßnahme lösen.

- Wie laufen die Machtspiele ab? Sind immer dieselben Personen daran beteiligt? Nehmen sie dabei dieselben Rollen ein?
- Wurden sie schon auf ihr Verhalten angesprochen? Haben Sie dies persönlich getan?
- Welches Verhalten stellen Sie am häufigsten fest? Wie erklären Sie der betroffenen Person, dass ihr Verhalten schädlich ist? („Warum unterbrichst du mich ständig?", „Warum drückst du dich so aggressiv aus? Das belastet das Team.")
- Ordnen Sie die Beteiligten den Ich-Zuständen zu: Eltern-Ich (unterstützend oder bestimmend), Erwachsenen-Ich, Kind-Ich (fügsam, rebellisch oder spontan). Welche neuen Erkenntnisse ergeben sich daraus?

DARÜBER HINAUS

LITERATURVERZEICHNIS

- Bastianutti, Julie; Petitbon, Frédéric: *La proximité, une stratégie!* Dunod: Paris 2015.

- D'Almeida, Nicole; Libaert, Thierry: *La communication interne des entreprises*. Dunod Paris 2010.

- Duterne, Claude: *La communication interne en entreprise*. De Boeck: Brüssel 2002.

- Ghiulamila, Juliette; Levet, Pascale: *Les hommes, les femmes et les entreprises. Vers quelle égalité?* L'Harmattan: Paris 2007.

- Goldstein, Mauricio; Reao, Philippe: *Petits jeux de pouvoir en entreprise. Comment les identifier et y mettre un terme.* Pearson: Paris 2012.

- *Nutra News*: „Les phéromones, des messagers biochimiques qui agissent sur les comportements sexuel et social". (01.12.2000). http://www.nutranews.org/sujet.pl?id=684 (06.03.2019).

- Terrier, Claude: „L'analyse transactionnelle". *Cterrier.com*. (05.09.2013). http://www.cterrier.com/cours/communication/32_analyse_transactionnelle.pdf (06.03.2019).

- Tonnelé, Arnaud: *La bible du team-building. 55 fiches pour développer la performance des équipes.* Eyrolles: Paris 2015.

WEITERFÜHRENDE LITERATUR

- Buchholz, Ulrike; Knorre, Susanne: *Interne Kommunikation in agilen Unternehmen. Eine Einführung.* Springer Gabler: Wiesbaden 2017.

- Ruisinger, Dominik: *Die digitale Kommunikationsstrategie.* Schäffer-Poeschel: Stuttgart 2016.

- Schwinning, Georg: *Kommunikation, Führung und Zusammenarbeit in Unternehmen. Wahre Situationen und handfeste Lösungen.* Haufe: Freiburg 2016.

MEHR AUF 50MINUTEN.DE

- Bronckart, Véronique: *Gewaltfreie Kommunikation im Beruf. Methoden für die konstruktive Konfliktlösung und professionelle Zusammenarbeit.* Aus dem Französischen von Mareike Lobeck. Plurilingua Publishing: Brüssel 2019.

- Cailteux, Caroline: *Gruppenarbeit gewinnbringend einsetzen. Tipps für gelungenes Teamwork.* Aus dem Französischen von Leonie Kremer. Plurilingua Publishing: Brüssel 2019.

- Gangemi, Rosanna: *Die Macht der Körpersprache. Tipps für die effiziente Nutzung und Analyse von Körpersprache.* Aus dem Französischen von Leonie Kremer. Plurilingua Publishing: Brüssel 2019.

NOCH NICHT GENUG?

- BNLconsult: „Les odeurs corporelles. Un moyen de communication?" (11.05.2015). https://www.youtube.com/watch?v=PZQJFcbF_ig (06.03.2019).

- Cuddy, Amy: „Ihre Körpersprache beeinflusst, wer Sie sind". *TEDGlobal 2012.* (Juni 2012). https://www.ted.com/talks/amy_cuddy_your_body_language_shapes_who_you_are?language=-de#t-175426 (06.03.2019).

- Fried, Jason: „Why Work Doesn't Happen at Work". *TedxMidwest.* (Okt. 2010). http://www.ted.com/talks/jason_fried_why_work_doesn_t_happen_at_work (06.03.2019).

- Hefferman, Margaret: „Dare to Disagree". *TEDGlobal 2012.* (Juni 2012). http://www.ted.com/talks/margaret_heffer-nan_dare_to_disagree (06.03.2019).

- Ricard, Matthieu: „How to Let Altruism be Your Guide". *TEDGlobal 2014.* (Okt. 2014). http://www.ted.com/talks/matthieu_ricard_how_to_let_altruism_be_your_guide (06.03.2019).

- Snek, Simon: „Why Good Leaders Make You Feel Safe". *TED2014.* (März 2014). http://www.ted.com/talks/simon_sinek_why_good_leaders_make_you_feel_safe (06.03.2019).